TROIS MOIS A VENISE

— IMPRESSIONS DE VOYAGE —

Extrait de la *Revue lyonnaise*, t. VII, avril 1884.

Tiré à part à 200 exemplaires

TROIS MOIS

A VENISE

— IMPRESSIONS DE VOYAGE —

PAR

AMBROISE TARDIEU

HISTORIOGRAPHE DE L'AUVERGNE

OFFICIER ET CHEVALIER DE DIVERS ORDRES

MEMBRE DES ACADÉMIES D'HISTOIRE DE MADRID, DE L'INSTITUT

ARCHÉOLOGIQUE DE ROME

DES ACADÉMIES DE TOULOUSE, ROUEN, MARSEILLE

CLERMONT-FERRAND, ETC., ETC.

LYON

IMPRIMERIE PITRAT AÎNÉ

4, RUE GENTIL, 4

1884

TROIS MOIS A VENISE

∅ — IMPRESSIONS DE VOYAGE —

Qui n'a entendu parler de Venise et de ses merveilles? Qui ne voudrait dire : « J'ai été à Venise » ? Depuis mon enfance, je désirais voir cette perle de l'Adriatique, cette reine parmi les cités. Et, par un beau jour de février 1883, après avoir séjourné à Cannes, à Nice, à Gênes, je résolus de continuer mon excursion.

Traversant donc Milan, et roulant toujours sur la voie ferrée, j'ai continué jusqu'à l'antique capitale des doges. Or, il était cinq heures et demie du matin ; le sifflet d'une puissante locomotive se faisait entendre. Tout à coup, je traversai la lagune sur un pont de 4.600 mètres, porté par 222 arches. Le ciel était constellé d'étoiles ; la lune régnait en souveraine. Mon cœur battait. Venise était là...

« Signori, Venezia ! » (Messieurs, Venise !) Je descends de wagon. J'aperçois la ville dans l'obscurité. Toutes les maisons sont entourées d'eau. La cloche de l'*Angelus* sonne. C'est d'une mélancolie indéfinissable faite pour remuer le cœur le plus endurci. Je prends une gondole. Je traverse d'étroits canaux, sous des ponts multipliés. Plus de bruit, si ce n'est celui de la rame. Je n'aurais pas donné ma place volontiers. Je passe aux pieds de nombreux palais gothiques ; la lune éclaire toujours ; par-ci, par-là, des lanternes allumées aux gondoles. Me voici à l'*albergo* (l'hôtel). Je fais prix. Il faut croire que la vie n'est pas chère à Venise ; car, à l'hôtel de la Lune *(Albergo di la Luna)*, une belle et bonne chambre ne coûte guère plus de deux francs cinquante par jour, et c'est l'un des grands hôtels de la ville, près de la place Saint-Marc [1].

Mais, puisque me voici arrivé, quelques mots d'histoire sur Venise :

L'origine de cette ville remonte à l'an 321. L'histoire raconte qu'en cette année un grand nombre de Vénètes se réfugièrent dans quelques îles du golfe Adriatique appelées les Vénéties. Chacune de ces îles eut, d'abord, un gouvernement particulier. Vers 697, elles s'unirent et eurent un chef appelé doge. Venise a donné cent vingt doges jusqu'à Ludovico Manin qui fut le dernier. En 828, on transporta, d'Alexandrie à Venise, le corps de saint Marc l'évangéliste; ce saint fut proclamé patron de la République. Tous les monuments furent décorés de son image et de celle du lion symbolique figuré sur l'empreinte des monnaies et sur tous les étendards.

La première entreprise guerrière des Vénitiens fut de rendre Ravenne à l'exarque Paul; ils protégèrent le pape Alexandre III contre l'empereur Frédéric Barberousse qui, en reconnaissance, leur accorda des privilèges nombreux (1177). Depuis cette époque, eut lieu la cérémonie des épousailles, célébrée le jour de l'Ascension avec grande solennité. Du haut du magnifique navire, nommé le *Bucentaure*, le doge jetait un anneau dans le golfe. Cet usage se conserva jusqu'aux dernières années de la République.

Mais jamais Venise ne fut plus puissante et plus glorieuse qu'après 1204, lorsque le doge octogénaire Dandolo, à la tête de 40.000 hommes, français et vénitiens, eut replacé Alexis Commène et son fils sur le trône d'Orient.

En 1297, le gouvernement de la République, qui était démocratique, devint aristocratique ou plutôt oligarchique. En 1355, le doge Marino Faliero, qui avait à se venger d'une injure particulière, conspira contre la Constitution et fut décapité. C'est alors que fut

----

[1] En logeant à l'hôtel, à Venise, on a l'avantage d'avoir des concierges qui parlent, généralement, le français; de plus, un cicerone intelligent. Mais si on séjourne dans cette ville, il faut prendre *una camera ammobigliata* (chambre meublée). A 30 francs par mois, on a tout ce qu'il y a de plus luxueux ; seulement, les maisons n'ont pas de concierges, de sorte qu'ils vous est remis une clef pour la porte d'entrée.

constitué le Conseil des Dix. En 1344, les Vénitiens commencèrent
à régner sur la terre ferme, en s'emparant d'abord de Padoue, puis
de Vicence, de Vérone (1405), de Trévise, du Frioul, de Bresse, de
Bergame, de Crême, du Polésine. Ils obtinrent ensuite Chypre.

A la fin du seizième siècle, Venise, devenu le centre du commerce, de la richesse et de la civilisation, arriva à l'apogée de sa
grandeur. La République ne succomba qu'en 1792. Bonaparte dé-
créta la chute de Venise qui avait refusé son alliance. Venise fut
donné à l'Autriche par le traité de Campo-Formio (1797). En 1848,
cette cité se reconstitua pour peu de temps en République; mais elle
dut se rendre aux Autrichiens (1849). Cédée à la France en 1866,
à la suite de la guerre entre l'Italie et l'Autriche, elle fut aban-
donnée à l'Italie, à laquelle elle appartient actuellement.

La population de Venise est de 135.700 habitants; vous savez que
c'est une ville unique au monde en son genre. Elle s'élève au milieu
des lagunes sur cent vingt-deux iles, réunies entre elles par trois
cent soixante-sept ponts. Le Grand-Canal sépare la ville en deux
parties, reliées par le magnifique pont du Rialto, construit en 1588.
Ce pont est chargé d'un grand escalier sur lequel on a élevé,
à droite et à gauche, de petits magasins. Du sommet, on aperçoit le
Grand-Canal ; des centaines de gondoles . Un va-et-vient incroyable
anime ce vieux pont qui, le soir, présente un spectacle vraiment
magique. C'était, pour moi, un charme singulier que de gravir,
chaque jour, le pont du Rialto, de m'accouder sur la balustrade, et
d'observer le mouvement de toutes les gondoles, d'entendre les cris
des marchands qui s'y installent.

Le jour même de mon arrivée à Venise, dès neuf heures du
matin, je cours sur la place Saint-Marc. C'est la merveille des
merveilles! Figurez-vous, au fond, l'incomparable basilique
Saint-Marc; à droite, le palais des doges, le *Campanile*, c'est-à-
dire le beffroi, grande tour carrée, isolée sur la place, élevée de
98 mètres[1]; à gauche, la *Tour de l'horloge*, construite en 1497,

---

[1] Pendant mon séjour à Venise, un malheureux jeune homme, appartenant à une
honorable famille, fou d'amour, désespéré de n'être pas payé de retour (il aimait la
fille d'un amiral) s'est précipié du haut du Campanile. Son corps a été relevé, aussitôt, dans un état affreux. Depuis la fondation du Campanile (dixième siècle), plus de
cent personnes se sont suicidées de la même manière.

surmontée de deux jaquemarts. Sur la façade de l'horloge, une Vierge dorée assise, et, d'un côté, les heures, de l'autre, les minutes, qui sont éclairées la nuit; mais, par un système ingénieux, on aperçoit seulement le chiffre des heures et celui des minutes du moment. Au-dessous, un énorme cadran avec les signes du zodiaque. Chaque côté de cette curieuse place Saint-Marc, dont Napoléon Ier disait que c'était *la plus belle salle du monde*, se trouvent de magnifiques bâtiments ornés d'arcades dans le bas. Sous ces arcades, sont placés des cafés, des magasins de bijoutiers et d'objets d'art. Cette place ressemble beaucoup à celle du Palais-Royal, à Paris; mais elle est plus riche. Elle a 175 mètres de long sur 56 mètres de large. Du côté de la mer, au devant du palais ducal, est la *Piazetta*, sur laquelle se trouvent deux colonnes apportées, en 1130, des îles de l'Archipel. L'une d'elles est surmontée de la statue de saint Georges, et l'autre d'un lion ailé. Toute la journée, mais surtout à partir de quatre heures du soir, la place Saint-Marc est le rendez-vous de la société vénitienne. Certains jours de la semaine, on y entend la musique militaire, cette excellente musique italienne, célèbre à bon droit. Des milliers de pigeons s'y abattent ; ce sont les pigeons de la ville; chacun les respecte; on leur jette du pain; ils mangent dans votre main; se perchent sur votre chapeau, sur votre bras.

Le célèbre carnaval de Venise fleurit encore. J'étais arrivé la veille des fêtes. Vraiment, ce carnaval fait contraste avec la tristesse qui règne en France pendant cette époque de plaisir. Il faut voir Venise le jour du Mardi-Gras. Pendant le jour, aucune musique, aucun travestissement ; la police s'y oppose ; mais, dès huit heures du soir, les rues sont sillonnées de gens masqués, costumés, celui-ci en page, celui-là en pierrot, en arlequin, en chevalier vénitien, en Andalous; celle-ci en Chinoise, en Arabe, et vive le carnaval! vive la gaieté! Partout des mots spirituels, des plaisanteries. Le Vénitien a de l'esprit, du goût, de l'originalité.

Bientôt, la place Saint-Marc est couverte de 40.000 spectateurs. C'est vraiment féerique. On allume des gerbes de gaz à des candélabres spéciaux placés, dès la veille, sur la place qui est couverte d'oriflammes. Au milieu de cette dernière, s'élève une plate forme construite en planches pour la circonstance. C'est là, qu'au milieu d'une excellente musique, deux mille masques dansent, sautent à qui mieux mieux. L'entrée de la plate-forme coûte cinquante centimes. Tout autour, sous les arcades de la place Saint-Marc, une foule compacte, masquée, circule gaiement. Les dames plaisantent les *signori* (messieurs), leur offrent des cigares, des fruits, et, de son côté, la plus vilaine moitié du genre humain distribue (toujours masquée) des fleurs et des fruits aux dames.

Des groupes de musiciens parcourent la place, jouent l'air célèbre du *Carnaval de Venise*; cet air dont Paganini tirait un parti surprenant sur son violon diabolique. Il y a aussi deux bals masqués; l'un au théâtre Goldoni; l'autre à la salle de l'*Antico ridotto*. Minuit arrive; le bourdon du campanille tinte à sons précipités. La foule se retire avec un ordre admirable en chantant : « Dan! dan! dan! le carnaval s'en va [1]. »

J'avais oublié de dire que, pendant la journée du Mardi-Gras, une calvacade assez originale a lieu au jardin des plantes. On y voit le roi du carnaval, *Pantalone*, et toute sa suite de pages et de serviteurs. Pantalone harangue la foule ; lui vante les joies du carnaval, le roi, la reine, sans oublier Garibaldi.

On ne ferait jamais assez l'éloge du peuple vénitien. Les avocats se plaignent du manque d'affaires. De mémoire d'homme, on n'a trouvé, dans les canaux de la ville, un cadavre jeté par la main d'un criminel; et, cependant, il y a beaucoup de misère à Venise, de cette misère qui saigne le cœur. La majorité de la population est pauvre. Vous trouvez sur les ponts, le soir, bien des malheureux.

Voici une historiette qui prouve, du reste, le caractère vénitien :

Aux siècles écoulés, un boulanger fut accusé d'un crime et pendu. Après sa mort, on reconnut son innocence. Eh bien! la justice des doges décida qu'à l'avenir deux lampes brûleraient à la façade de l'église Saint-Marc, en expiation. J'ai vu ces deux lampes, dont les feux brillent chaque soir.

Citons encore cette autre anecdote : Un chevalier vénitien se

[1] En Italie, on cite comme très beau encore, le carnaval de Milan; surtout les derniers jours gras. A Rome, il est moins conservé, quoique en faveur dans le *Corso*.

rendait, tous les soirs, dans le palais d'un ambassadeur étranger.
Il fut soupçonné de livrer des secrets d'État à ce haut personnage,
et mis en prison. On lui demanda pourquoi il se rendait si souvent,
la nuit, au palais de cet ambassadeur; refus du chevalier de
répondre. Il fut exécuté, Quelque temps après, un homme déclara,
au lit de mort, que c'était lui qui avait livré des secrets d'État, et
non le chevalier. On découvrit trop tard'que le chevalier se rendait
seulement dans le palais, cause de son malheur, parce qu'il allait
voir la dame du logis (ce qu'il n'avait jamais voulu raconter, de
crainte de compromettre la dame).

A Venise, la belle société parle français. Les artistes, les hommes
de lettres, les savants sont recherchés, fêtés. Il y a beaucoup de
peintres dans cette ville. La plupart peignent l'aquarelle qui est leur
triomphe. J'avais pour amis divers peintres très connus.

Mais encore faut-il bien remarquer que tout est d'un bon marché
sans égal à Venise, c'est-à-dire les tailleurs, les chapeliers, les
restaurants, les cafés, les brasseries, les pâtissiers. A Venise, la
vie coûte moitié comme en France. Il va sans dire qu'il n'y a pas
ou peu de pourboires. Les chambres meublées, vastes et confor-
tables, sont à des prix extrêmement bas. Un appartement complet
coûte quatre à cinq cents francs par an.

Vous allez m'objecter, sans doute, qu'une ville sillonnée par des
canaux qui remplacent les rues, est bien désagréable à habiter. Je
vous répondrai que c'est une erreur. Je vous ai dit qu'il y a trois
cent soixante-sept ponts à Venise. Rien donc de plus facile que de
parcourir la ville à travers deux mille petites rues *(calle);* mais,
s'il n'y a pas besoin de gondoles, il est indispensable d'avoir, les
premiers temps, un *cicerone*, sans quoi il serait impossible de se
retrouver dans ce labyrinthe de petites rues remplies d'arcades, de
passages, de culs-de-sacs, etc. Sur le Grand-Canal, des bateaux à
vapeur fendent l'eau toutes les dix minutes, et coûtent seulement
dix centimes dans une longueur de quatre à cinq kilomètres; c'est
pour rien.

Il y a plus de cent églises à Venise, toutes remplies des tableaux
des plus grands maîtres, sur lesquels nous reviendrons. On trouve,
aux alentours de la ville, trente-deux îles éparses.

On se figure généralement que l'air de Venise est malsain; qu'il doit y avoir une atmosphère humide et brumeuse ; c'est tout le contraire. L'air y est égal, nutritif et nullement lourd. Il est bon aux personnes atteintes de phtisie ; on le recommande spécialement aux *anémiques* ; à ces derniers, le calme de la ville convient à merveille ; car on n'entend aucun bruit de voiture à Venise ; un cheval y est même une curiosité [1]. En 1630, la peste a fait périr 44,000 personnes à Venise ; mais cette peste fut générale en Europe.

Quant aux 2000 rues de Venise, la plupart n'ont guère plus de 2 ou 3 mètres de large ; presque toutes sont bordées de jolis petits magasins. A chaque instant, quand vous les parcourez, vous découvrez, ici, une madone, devant laquelle brûle une lampe ; là, d'antiques blasons artistement fouillés, des inscriptions.

Toutes les cours des habitations ont, généralement, un puits *(pozzo)*, ayant la forme d'un chapiteau antique, chargé d'inscriptions, de feuillages, de blasons fort curieux. Chaque matin, ces puits qui ont une grille fermée à clef, sont ouverts. Des femmes du peuple, chargées de deux petits sceaux de cuivre, accrochés aux deux bouts d'un bâton placé sur l'épaule, et coiffées d'un petit chapeau d'homme, puisent à qui mieux mieux. Autre usage : quand un facteur de la poste frappe à la porte et crie le nom du destinataire d'une lettre, aussitôt, un petit panier descend de l'étage indiqué, au moyen d'une corde, et prend la correspondance qui lui est destiné. Notez, encore, qu'à l'entrée principale de chaque habitation, tout locataire a une sonnette qui lui est spéciale ; à côté de la sonnette est placé le numéro de l'étage. Enfin la plupart des croisées sont ornées de rideaux jaunes ou verts ; quelquefois rouges.

Venise a trois principaux théâtres : ceux de *La Fenice*, de *Goldoni* et de *Malibran*. Celui de la Fenice passe pour le troisième de

---

[1] Un cheval, à Venise, est une rareté. Le peuple vénitien va voir ce quadrupède au Dépôt du Jardin des plantes pour les exercices de la cavalerie. On ne rencontre aucun chien dans les rues de Venise. Cela tient, dit-on, à la taxe élevée qui leur est appliquée. Il n'y a pas, non plus, de poussière dans cette ville. La mer, qui l'environne, supprime presque les brosses à vêtements, ce qui n'est pas un petit avantage. Comme toutes les rues sont admirablement dallées, dès qu'il pleut et qu'il y a le moindre coup de soleil, le pavé est sec et agréable.

l'Italie pour la beauté de la salle, qui est partout ornée de peintures
très fines. Il y a aussi, à Venise, de charmants petits théâtres de
sociétés, au nombre de cinq ; des salles de bals particuliers où,
pour être admis, il faut être sociétaire et payer une cotisation
annuelle.

Vous n'ignorez pas que la lagune entoure la ville de Venise. Quand la mer est basse, on aperçoit par-ci par-là des
îlots de boue ; et, alors, il ne faut pas s'aventurer en barque indif-
féremment. Des piliers de bois *(pali)* servent à indiquer les en-
droits les plus profonds, où l'eau permet de circuler facilement ; car,
sans cette précaution, on est obligé de tirer sa gondole à force de
bras et avec les rames pour ne pas être à sec. Pour aller sur la
lagune, on prend une gondole ou une petite barque dite *sandolo*. La
gondole est étroite, longue ; au milieu, se trouve une vraie capote de
de voiture sous laquelle vous prenez place. Les gondoliers se
tiennent debout, sur les pointes de la gondole avec leurs rames.
Leur habileté est merveilleuse. Il faut les voir à l'œuvre.

Il y a aussi, dans le port de Venise, de grands bâtiments à
vapeur pour Trieste, Messine, l'Égypte, etc.

Vous avez entendu parler du Lido. C'est une île voisine de
Venise, où se rend l'été toute la haute société. Il y a un important
établissement pour les bains de mer. On aperçoit, à l'horizon, des
centaines de bateaux pour la pêche ; ils ont des voiles jaunes,
rouges, bleues, ce qui est une spécialité de Venise. Sur ces voiles,
sont peints des saints, d'antiques emblèmes.

Les *sérénades* de Venise méritent quelques lignes. Il y a, tous
les soirs, pendant la belle saison, des sociétés d'artistes qui, en
gondole, violons et guitares en main, voire un petit harmonium,
passent près du célèbre pont des *Soupirs* et se rendent en chantant à celui du *Rialto*. Leur gondole est entourée de lanternes
vénitiennes ; leurs chansons mélodieuses vous saisissent. Ces pro-
menades sur l'eau sont tout ce qu'il y a de plus artistique. Un soir,
accompagné par plusieurs amis, j'ai pris une gondole ; et me
voilà suivant la sérénade, heureux d'entendre des airs vénitiens.
Je ne puis m'empêcher de vous donner un couplet, en italien,
d'une ravissante chansonnette populaire vénitienne, qui date de
loin et qui est intitulée : *La Gondolletta* (La Gondole).

> *La biondina in gondoleta*
> *L'altra sera gomenà*
> *Dal piaser la poverta*
> *La sa in bota indormanzà*
> *La dormiva susto brazzo*
> *Mi ogni tanto la svegliava (bis)*
> *Ma la barca che ninava*   ⎫
> *La tornava a indormenzar.* ⎭ *bis*

La musique de cette chansonnette est surtout empreinte d'un cachet ancien. L'air qui est gai, gracieux, remonte assurément fort loin [1].

Il m'est impossible de ne pas dire un mot des belles têtes de Venise. Les tableaux du Titien représentent, déjà, au seizième siècle, des femmes blondes, vénitiennes, d'une grâce incomparable. Ces types se retrouvent à Venise. La Vénitienne a des yeux d'une douceur qui vous captive, des traits d'une régularité parfaite, des cheveux superbes, un sourire gracieux, quelque chose de profondément mélancolique comme cette merveilleuse cité de Venise. On dit qu'elle a bon cœur. Que voulez-vous de plus ?

Passant d'un chapitre gai à un autre assez triste, je dois dire quelques mots du *Campo-Santo* ou cimetière. Il est situé dans une île, près du Lido et d'une extrême simplicité [2]. Il est vrai qu'il a

---

[1] Le peuple vénitien aime le plaisir. Non seulement le goût de la musique est, chez lui, inné; mais encore celui de la danse. Terpsichore n'a jamais eu de fils lançant plus gracieusement leurs pas. Il y a, à Venise, des *régates* ou courses en gondole des plus brillantes. Un des jeux les plus gais était la guerre à coups de poings *(guerra dei pugni)*. On voit encore, près de l'église San-Barnaba, un pont, sans parapets dit : *ponte dei pugni*, et des pieds placés en mosaïque sur le pont. A un moment donné, les partis politiques qui se disputaient la ville arrivaient des deux côtés du pont. Alors, c'était à qui, à grands coups de poing, pousserait l'autre dans le canal; et les rouges comme les noirs tombaient dans l'eau en véritable cascade, à la grande joie des spectateurs.

Comme dans la plupart des villes d'Italie, on ne deteste pas la bonne chère, à Venise. Les restaurants *(trattorie)* ont une foule de plats des plus délicats, à des prix d'un incroyable bon marché. Aussi la vie coûte-t-elle moitié comme en France, dans la ville des doges. Un celibataire qui a 2.000 francs de rente y passe les jours les moins dispendieux. Chaque nuit, les restaurants restent ouverts. Notez bien que la tasse de café coûte 10 et 15 centimes, à Venise. Tout le reste est à l'avenant. Les domestiques à gages y sont adroits, fidèles, secrets, loyaux, bon marché et nombreux.

[2] Les monuments funèbres du *Campo-Santo*, de Venise, contrairement à l'usage

été agrandi depuis peu. Quand on veut y transporter un défunt, le cercueil est placé sur une gondole; les familles riches le font accompagner par des musiciens qui exécutent des marches funè-bres. J'ai remarqué, à l'entrée de ce cimetière, au-dessous d'un cadran solaire, ces paroles profondes du psaume :

Dies mihi sicut ombra declinaverunt.

Les Israélites ont un cimetière particulier, près du Lido.

L'industrie de Venise consiste, surtout, dans l'art de la verrerie. Il y a diverses fabriques dans la ville, et, dans l'île de Murano, dont nous parlerons, un grand établissement dirigé par l'État. On doit citer, aussi, les mosaïques, l'une des spécialités de Venise ; les dentelles polychromes qui sont réellement d'un bon marché exceptionnel ; des bijoux fabriqués par tous les orfèvres et vendus sous les arcades de la place de Saint-Marc.

Abordons, maintenant, la description rapide des principaux monuments et, d'abord :

La *basilique de Saint-Marc*, commencée en 977, achevée en 1071. Son style est en grande partie bysantin. Elle a la forme d'une croix grecque. On y compte plus de 500 colonnes, des marbres les plus précieux. Les voûtes sont toutes revêtues de mosaïques. Sous le maître-autel, le corps de saint Marc, et, au-dessus, ce précieux tableau (*pala d'oro*), en lames d'or, exécuté à Constantinople, en 976, par ordre du doge Orseolo, couvert de pierres précieuses, de perles, etc. C'est un rectangle de 3 ᵐ48 de largeur, sur 1 ᵐ 40 de hauteur. Il est ouvert et exposé à la vue de tous, les jours de grandes fêtes. En temps ordinaire, il faut payer 6 francs pour le voir ; et, certes, il vaut cette somme. A l'extérieur, n'oublions pas de remarquer les quatre chevaux de bronze, considérés comme une œuvre romaine de l'époque de Néron. Ils avaient été

suivi en Italie, sont en général des plus simples. Citons, cependant, le tombeau de la famille du prince Papadopoli. Il est surmonté d'un ange aux ailes dorées, avec la trompette du jugement dernier. Quand on a vu — comme celui qui écrit ces lignes — les cimetières de Messine, de Naples, de Pise et de Gênes, on devient, forcément, difficile. Le Campo-Santo de Messine est orné de merveilleuses statues de marbre blanc, dont on ne peut se faire une idée. La chapelle de ce cimetière a coûté, à elle seule, deux millions.

transportés à Paris, par Napoléon Ier, en 1797 ; mais ils ont été rapportés à Venise, en 1815 [1].

Le *Palais Ducal* ou palais des doges, est situé à droite de la basilique de Saint-Marc. On dirait un splendide palais arabe. Le style en est ogival et dû aux architectes *Giovani*, *Bartolomeo*, *Pantaleone Bon* (1424). Rien n'est plus saisissant que l'aspect de ce palais, ces hautes murailles de forteresse, ces rares fenêtres. De forme quandrangulaire, l'un de ses côtés s'appuie à l'église de Saint-Marc ; les trois autres font façade sur la Piazetta, puis sur la mer ; et, enfin, sur les prisons auxquelles le palais est relié par le célèbre et terrible pont des Soupirs, jeté hardiment à une grande élévation entre le ciel et l'eau [2].

Doges ou artistes, tous les noms illustres de Venise ont attaché leur nom aux pierres de ce palais [3].

L'une des façades a 75 [m], l'autre 70 [m] 15. Les chapiteaux des colonnes de l'étage inférieur sont sculptés avec un art infini.

Entrons par la porte *della Carta*, qui est d'une grande richesse ; et, de là, pénétrons dans la *Corte di Palazzo* (cour du palais), où l'on admire deux puits de bronze. Montons par l'*Escalier des*

---

[1] J'ai assisté, dans l'église de Saint-Marc, à la cérémonie du jour de Pâques (1883), cette solennité, sous des voûtes antiques et sombres, éclairées de mille cierges, avait un aspect des plus imposants. L'orgue résonnait plaintif, empruntant, par moment les accents du tonnerre. Tenu par un artiste de premier ordre, il accompagnait de nombreux violons pour l'exécution d'une messe en musique. Je n'ai rien entendu de plus parfait. On ne saurait jamais assez dire combien le peuple italien est organisé au point de vue musical. Le même jour de Pâques, l'archevêque-patriarche de Venise a célébré la messe avec une grande majesté. Il était entouré des chanoines du chapitre de Saint-Marc qui, par un privilège spécial, portent tous la mitre blanche. Il faut assister à une cérémonie dans l'église de Saint-Marc pour sentir les impressions diverses et faire les réflexions multiples qui saisissent l'âme dans cette splendide basilique.

[2] *Le Pont des Soupirs*, dont tout le monde a entendu parler, est ainsi dénommé parce que les condamnés à mort étaient obligés de le traverser en venant des prisons ou de le voir avant d'être conduits au supplice. C'était donc là qu'avait lieu un de leurs derniers soupirs ; et pouvaient-ils gémir en pensant qu'ils allaient quitter cette belle ville de Venise ! Ce pont a été construit en 1591. Il est partagé en deux passages par un mur qui le coupe en longueur.

[3] Il a été publié, récemment, à Venise un plan intéressant du Palais Ducal, indiquant, par les armoiries de chaque doge, les remaniements ou créations successives faites par chacun d'eux. Depuis plusieurs années, la ville de Venise a entrepris la restauration de ce palais, notamment, à l'extérieur, le grattage des marbres, la réfection des chapiteaux mutilés, etc.

Géants, puis par la *Scala d'Oro*, qui mène aux grands appartements. Celui-ci a été construit par Sansovino ; il doit son nom aux
ornements en or qu'on y remarque. Visitons les trois chambres des
Avogadors (avocats), gardiens du *Livre d'Or* de la noblesse vénitienne ; la Bibliothèque, fondée, en 1392, riche de 140,000 volumes,
8,600 manuscrits, dont un certain nombre grecs et latins ; la *salle
du Grand Conseil*, une des plus belles et des plus vastes de l'Eu--
rope, où se rassemblait le Grand Conseil, composé des nobles ins-
crits dans le Livre d'Or et qui constituait la souveraineté fondamen-
tale de la République ; dans cette salle, sont peints sur les parois,
les plafonds, ainsi que, dans toutes les suivantes, les fastes de la
République.

Elle a 154 pieds de long, 75 de large et 45 de hauteur. L'une de
ses extrémités est décorée par la *Gloire du Paradis*, du Tintoret,
où le peintre a entassé plus de 10,000 personnages. La corniche de
la salle est composée des portraits des doges encastrés dans la
boiserie. A la place du cinquantième, on ne voit qu'un cadre avec
cette inscription sur fond noir : « Ici, est la place de Marino
Faliero, décapité pour ses crimes. » Cette salle occupe presque toute
la façade qui regarde sur la mer. C'est à sa splendide fenêtre à
balcon, sculpté par Tullius Lombardo, que se plaçait la dogaresse et
sa cour pour jouir du spectacle de la *Senza* (fête de l'Ascension),
où le doge monté sur le *Bucentaure*, sortait de l'arsenal remorqué
par les célèbres *Arsenallotti*, balançant au-dessus des eaux ses
flancs dorés et ses cordages de fleurs. Vêtu de sa robe d'or et le
corno ducale sur la tête, lançait au loin, dans la mer, en signe
d'alliance, sa bague de saphir. Pendant ce temps, les batteries
tonnaient. Le soir, le navire était illuminé.

Entrons dans la *salle du Scrutin*, où l'on élisait les quarante et
un nobles qui devaient choisir le doge ; la *Chambre des Écarlates*,
où était le dépôt des toges d'écarlate des patriciens qui se rendaient au
Grand Conseil ; la *salle du Bouclier (Sala dello Scudo)*, où l'on
suspendait les armoiries du doge régnant ; les *appartements
privés du doge ;* la *salle des Chefs (sala dei Capi)*, la *salle du
Conseil des Dix*, élus annuellement parmi les membres du Grand
Conseil pour juger les crimes de haute trahison, les fautes des
patriciens. Toutes ces pièces ont de remarquables cheminées, des sa-

lons, des peintures de grands maîtres, etc. A côté d'une des principales portes d'entrée, on montre la *gueule de lion* qui servait d'ou-
verture à une boîte à lettres dans laquelle les Vénitiens pouvaient
porter les dénonciations. Visitons encore la *salle des Quatre
Portes*, la *salle du Sénat*, qui était composé d'environ huit cents
membres, appelés à délibérer sur le revenu public et les affaires
commerciales ; l'*Antichiesetta* où le doge avec le conseil assistait,
chaque jour, à la messe ; la *salle del Collegio* ou de réunion, où le
doge se tenait avec ses conseillers, donnait audience aux ambassadeurs, etc. Voyez le siège du doge avec ses coussins affaissés
comme s'il venait à peine de les quitter ; de chaque côté, les stalles
des sénateurs. Le gardien, qui nous accompagnait et qui parlait
fort bien en français, racontait l'histoire de toutes ces merveilles
avec un certain esprit et de l'érudition. Comme je lui faisais
remarquer que j'admirais l'état de conservation, l'ordre de chaque
objet. Il ne manque rien; dit-il, sauf..... les personnes de ce
temps-là.

Il ne reste plus, avant de quitter le Palais Ducal, que de passer sous les toits et visiter les Plombs *(Piombi)*. C'est ainsi qu'on
nomme quelques petites chambres en planches, mansardées, prati-
quées dans les greniers et dans lesquelles on enfermait les plus
grands criminels. Pour vingt centimes, on a droit d'entrer dans les
Puits *(Pozzi)* accompagné par un gardien. J'ai vu ces terribles
puits. Ce sont des prisons basses, divisées en deux étages, situées
au rez-de-chaussée, entre les salles du vivier et l'accès aux quais
de débarquement du palais. Quelle terreur devaient éprouver les
malheureux enfouis par un pouvoir implacable sous ces murailles
épaisses, dans ces terribles cachots ! Là, j'ai visité la prison où
fut enfermé le doge Marino Faliero. Ces prisons ou *puits* con-
sistent en quelques petites chambres. en pierre de taille, revêtues
de grosses planches de sapin, éclairées par une toute petite fenêtre
donnant sur le corridor. Quand je parcourais ces prisons, dignes
des inquisiteurs de Venise, j'étais glacé d'effroi....... Repré-
sentons-nous le moment solennel pendant lequel on sortait de ces
puits le malheureux condamné. La petite porte à fleur d'eau, placée
sous ce pont des Soupirs, s'ouvrait tout d'un coup. Il était couvert
d'un linceul. La grosse barque qui le portait et ses rameurs

masqués s'avançaient en tête de la *Judecca*, dans la direction de Poveglia, vers ce canal Orfano, dont les eaux profondes engloutissaient le corps du condamné avec une corde au cou...

Du Palais Ducal, allons faire un tour à l'*Arsenal*. Son entrée est l'un des plus beaux monuments lombardesques du quinzième siècle. On conserve, dans la salle d'armes, des objets curieux (armes, armures, etc.). Cet arsenal est digne de l'idée qu'on se fait de la marine vénitienne. Il embrasse deux mille de circonférence. Des bastions et de hautes murailles protègent cet immense magasin. La marine était, pour Venise comme pour l'Angleterre, le principal levier de la puissance. Dès 558, les Vénitiens avaient la seigneurie des mers; et, 70 ans avant Charlemagne, ils possédaient des arsenaux. Au neuvième siècle, ils construirent des navires à trois mâts. Mais à la fin du quinzième siècle, le commerce de Venise avec ses 300 navires de guerre, ses 36,000 marins fut bouleversé et presque anéanti par la découverte du cap de Bonne-Espérance et de l'Amérique qui lui fit une blessure mortelle.

Prenons le bateau à vapeur pour 10 centimes. Rendons-nous à l'*Académie des Beaux-Arts*, où l'on conserve 679 peintures sur bois ou sur toiles, qui font l'envie de toute l'Europe. Là, les œuvres de l'immortel Titien coudoient celles des trois autres grands peintres vénitiens : Le Giorgione (1478-1511), Tintoret (1512-1594), Véronèse (1530-1588). Ici, on ne se lasse de contempler les chefs-d'œuvre des Bellini (1421-1516), de Carpaccio (1450-1522), Palma le Vieux (1480-1548), de Bonifazio (mort vers 1570), de Paris Bordone (1500-1570). Les yeux sont éblouis par tant de merveilles. On ne sait sur quelle toile arrêter ses regards. Mais, cependant, on s'assied, volontiers, pour contempler plus à son aise, le chef-d'œuvre du Titien, l'*Assomption (l'Assunta)*, dont la couleur, le dessin, l'expression des personnages vous laissent ravis. Le Titien, comme peintre, est unique. Il commence tout enfant et peint pendant plus de 80 ans; encore est-ce la peste qui l'enlève. L'État lui fait des funérailles publiques, violant ses règlements. C'est à l'Académie, à Venise, qu'on peut bien étudier le Titien : l'un de ses premiers tableaux, une *Visitation*, et sa dernière toile, une *Déposition du Christ*. Sauf Michel-Ange, personne n'a manié la charpente humaine comme le Titien [1]. Pour bien parler des tableaux de l'Académie, il faudrait un volume. Quelques mots, cependant, sur les peintres principaux : et d'abord, les frères Bellini, qu'on ne peut bien comprendre qu'à Venise (1421-1516) ; puis le Tintoret (1512-1594) dont l'œuvre presque entier est dans la cité des doges [2]. On ne soupçonne pas ce que vaut le Tintoret quand on n'est point venu ici. Il ressemble à Michel-Ange, par son originalité, son énergie. Titien, son maître, en était presque jaloux. Il faut voir à Venise, dans l'église de la Madone d'*ell'Orto*, ces tableaux énormes du Tintoret ; l'*Adoration du Veau d'or*, le *Jugement dernier*. Ils comprennent plusieurs centaines de pieds de peinture, des milliers de personnages, un débordement inouï d'imagination, de génie. L'esprit du Tintoret est un volcan toujours plein et en éruption. Il couvre de ses toiles des églises entières. Le chef-d'œuvre de cet incomparable artiste est son *Saint-Marc*, de l'Académie. Tintoret m'a fait passer des plus beaux moments de ma vie. Je ne pouvais me rassasier de contempler ses œuvres. On est toujours surpris, devant ses tableaux. Il ne faut pas manquer d'aller apprécier ses peintures faites pour l'école de Saint-Roch (la *Scuola di San-Rocco*.

A l'Académie, il y a des tableaux de Gentile Bellini, de haute curiosité pour l'histoire de Venise : Le *Miracle de Sainte-Croix* (1500) ; une *Procession sur la place Saint-Marc* (1491) C'est encore à l'Académie que vous avez une idée du Carpaccio (1450–1522). Il y a de lui toute une série de tableaux vraiment extraordinaires, tels que le *Roi Maure*; le *Pape, ses cardinaux, allant à la rencontre de sainte Ursule ;* les *Ambassadeurs du roi d'Angleterre ;* le *Martyre de sainte Ursule ;* un *Possédé délivré par la relique de la sainte Croix.* On voit, sur ce dernier tableau, le vieux pont du Rialto nommé *del Bagatin* et de nombreux costumes vénitiens de la fin du quinzième siècle. N'oubliez pas de contempler les œuvres de *Vivarini, Bartolomeo* (1480), *Mattei Michele Bolognese, Veneziano Lorenzo* et *Bissolo Francisco, Giovanni*

---

[1] *Titien* (Tiziano Vecellio, dit Le), le plus illustre peintre de l'école vénitienne, né à Cadore en 1477, d'une ancienne famille noble, mort à Venise à 99 ans, en 1576.

[2] *Tintoret* (Giacomi Robusto, dit Le), né à Venise en 1512, mort en 1594. Il était fils d'un teinturier.

d'Alemagna et *Antonio da Murano*(1460); *Bonifazio Veneziano*
(mort vers 1570); *Catena Vincenzo* (mort en 1530); *Cima da
Conegliano* (1430-1520); *Boccacino da Cremona* (mort en 1546);
Callot, Bassano, Schedone Bartolomeo, Antonello da Messina
(1414-1496); *Tommaso da Modena* (1357); *Pordenone* (1483-
1539); *Paris Bordone* (1500'1570), etc. Je n'en finirais pas, si je
voulais énumérer tout ce qu'il faut admirer... On trouvera, du
reste, dans le splendide volume, intitulé « *Venise* », in-folio, qui
est un vrai monument d'érudition et d'art, élevé à la reine de
l'Adriatique, par le savant Charles Yriarte, tous les détails dési-
rables sur la peinture vénitienne et les merveilles de Venise. Le
bibliophile, l'archéologue, l'amateur doivent posséder ce beau
volume dans leur bibliothèque ; car M. Yriarte est un homme d'esprit, un homme du monde, un critique d'art de premier ordre.
On peut aussi lire, avec fruit, dans le *Voyage en Italie*, par
M. H. Taine, les chapitres consacrés à la peinture vénitienne, où
chaque maitre trouve son talent décrit avec un coloris, une science
incomparables.

Après l'*Académie*, nous allons passer au *Musée Correr*, appelé
aussi *Fondaco dei Turchi*. C'est un des joyaux du Grand-Canal·
Il a été restauré et la façade en fut terminée en 1869. Ce monument
est de style byzanto-italien, du onzième siècle. C'est le musée
archéologique et historique de la ville de Venise. Nous y avons
surtout remarqué une collection de 1557 manuscrits, parmi lesquels *Le Canzonière* (Chansonnier de Pétrarque) ; un *Recueil de
lettres autographes* de *Pietro Aretino*, l'*Histoire de Venise* de
Contarini; des chroniques, des documents diplomatiques, des
dessins originaux de peintres anciens et modernes, une collection
numismatique, des collections d'armes, de gravures sur cuivre et
sur bois des artistes les plus célèbres, une collection de médailles
vénitiennes, des portraits en miniature, des livres imprimés. Le
directeur du Musée, M. le commandeur Barozzi, et le sous-direc-
teur, M. l'abbé Nicoletti, sont des savants d'une amabilité rare
et d'une obligeance extrême. J'ai eu beaucoup à me louer de leur
empressement pendant tout le temps de mon séjour à Venise. Qu'ils
reçoivent, ici, l'hommage de ma reconnaissance.

Visitons, enfin, les principales églises, les palais. Tout d'abord, les églises; et remarquons que tous ces monuments ont des clochers carrés, appelés *campaniles*, qui presque tous sont penchés, pour résister, dit on, au vent. L'architecte a donc élevé ces constructions, telles quelles, avec intention.

L'église de *Santa-Maria dei Frari*, construite en 1250, est l'une des plus intéressantes de Venise. L'intérieur est en croix latine, à trois nefs ; elle est riche en monuments, statues, peintures. Citons plusieurs mausolées de doges, deux mausolées modernes, érigés l'un au sculpteur Canova, sur son propre dessin, et l'autre au Titien. Dans la sacristie, on admire beaucoup une *Madone* par Giovanni Bellini; elle a tellement de relief qu'elle semble sortir du panneau sur lequel elle est peinte. J'ai pu assister à une grande procession de la paroisse, pendant la semaine sainte. Le clergé était précédé d'hommes et d'enfants de chœur portant d'immenses chandeliers de plusieurs mètres de hauteur ; les croisés des rues par lesquelles passait la procession étaient ornées de tapis pendants; plusieurs brodés à la main, aux couleurs rouges, jaunes, vertes, comme on le voit dans les vieux tableaux des fêtes de Venise. Tout près de cette église, on peut aller visiter les *Archives générales* où sont classés les parchemins et papiers de la République. Les actes les plus anciens sont de 883. Le nombre des volumes s'élève à 140,000, qui occupent 300 pièces.

Non loin de là, est, tout d'abord, l'*École de Saint-Roch*, édifice somptueux achevé en 1549. Les salles et les plafonds sont célèbres et ornés des meilleures peintures de l'école vénitienne, notamment du Tintoret. Plus loin, l'église de Sainte-Marie *della Salute*, qui fut élevée à la suite d'un vœu à l'occasion de la peste de Venise (1630). C'est un édifice grandiose, orné d'une belle coupole. Elle est riche en toiles du Titien.

L'église de *Saint-Georges-Majeur*, dans l'île de ce nom (1565-1610), due à l'architecte *Palladio*. Les sculptures des stalles du chœur représentent la vie de saint Benoît, par Alberto de Brule, flamand ; c'est un travail merveilleux.

L'église Saint-Jean et Saint-Paul *(SS. Giovanni e Paolo)*. Façade de 1240 à 1251. La grande porte est superbe. L'intérieur, en croix latine, est rempli de mausolées de doges, appliqués à une certaine hauteur, après les murs, avec des statues équestres de capitaines, de généraux. Cette église est le *Saint-Denis* de Venise.

L'église *dei Gesuiti* (des Jésuites). Riche par la profusion de ses marbres ; mais les sculptures ne sont pas de bon goût.

L'église de la *Madona dell'Orto* (1473), où l'on remarque une toile de l'école du *Giorgione;* une admirable madone de *Giovanni Bellini.* Tintoret est enterré dans la chapelle, à droite du maître-autel. En voyant la dalle funéraire de ce grand homme, j'ai été saisi de respect.

L'église de *Santa-Maria-Formoza* (1492), avec des tableaux de Palma le Vieux, de Palma le Jeune, de Bassano, etc..

L'église de *San-Sebastiano* (1506-1548), dont on loue le style. C'est, pour ainsi dire, un musée rempli de toiles de Paul Véronèse. Ce grand artiste y a son tombeau.

L'église de *San-Francisco della Vigna* (1568-1572). Il y a beaucoup de tableaux : la *Résurrection,* par Paul Véronèse ; la *Vierge avec l'enfant et quatre Saints* de Giovanni Bellini (1507), etc.

Il faut aussi visiter quelques maisons historiques, savoir : La maison de Pétrarque. Elle fut donnée, en 1362, par la République à Pétrarque, qui lui avait légué une partie de sa bibliothèque.

Près du pont *Nomboli* ou *della Dona Onesta,* à l'entrée *della via di Ça — Cent'anni,* se trouve la *casa,* dans laquelle vint au monde, en 1707, le célèbre poète Goldoni, le restaurateur du théâtre italien.

Dans la *contrada San-Canciano,* à l'endroit qu'on nomme aujourd'hui *Biri grando,* on voit encore une partie de la maison du *Titien,* que le doge Barbarigo, lorsqu'il le vit vieillir, installa dans son beau palais du Grand-Canal. Titien aima toujours Venise. Il ne put jamais se décider à se fixer dans les cours étrangères qui lui ouvraient leurs portes. Là, dans cette maison véni-tienne, il eut pour ami l'Arétin, qui, souvent, passait ses soirées avec le peintre illustre.

A *Santa-Maria dell' Orto,* on passe devant la maison du Tintoret. Ce grand peintre trouvait son plus grand plaisir à parler d'art avec ses amis, à jouer du luth, de la guitare; il accompagnait sa fille, Mariette, qui chantait à merveille.

Passons encore, *calle della Pieta,* devant la maison d'Alessandro Vittora, sculpteur de la *Scala d'Oro*. Son cabinet était un vrai musée ouvert aux jeunes gens studieux.

Citons aussi la maison du Giorgione, sur le *Campo San Silvestro*.

Parcourant une foule de ruelles pittoresques, nous arrivons au pont du Paradis *(ponte del Paradiso)*. Au-dessus, se dresse un portique aigu où la Vierge Marie, costumée en reine du moyen âge, abrite, sous son manteau, un moine à genoux.

Que de portes curieuses, ornées de vieux blasons, de sculptures ; que d'escaliers pittoresques, de portiques, de colonnades ! Pour bien voir et bien comprendre Venise, il faut y rester longtemps, parcourir cette ville à pied non en gondole; il faut pénétrer dans ses cours, dans ses maisons. L'étranger qui voit Venise en passant s'y ennuie; celui qui y va séjourner un certain temps s'y attache. Je suis resté trois mois à Venise; ce n'est pas trop.

Ici, on admire le *palais Mocenigo* (du dix-septième siècle). Son propriétaire, M. Alvise Mocenigo, descend de la famille des doges de ce nom. Il possède l'ébauche du tableau de la *Gloire du Paradis*, par Tintoret. Ce palais a été habité, en 1818, par lord Byron, il y composa les premiers chants de *Don Juan*.

Palais *Foscari* (quinzième siècle). A appartenu au doge Foscari du temps de la République, et a toujours été destiné aux personnages illustres qui visitèrent Venise. Henri III, roi de France, l'habita en 1574. Aujourd'hui, il appartient à la ville de Venise.

Plus loin, Près de la *calle della Vida* ou *Delle Locande*, on trouve la *Corte del Maltese* (cour du Maltais). Là, on aperçoit, à l'angle d'un palais, la *Scala antica* (l'escalier antique). Cet escalier extérieur du palais Minelli, famille patricienne, est entièrement à jour et d'une légèreté remarquable. C'est l'un des édifices les plus anciens de Venise. Construit dans le style du quinzième siècle, on l'attribue à un des Lombardi, qui voulut reproduire l'effet de la tour de Pise. Cette tour a sept étages. Elle a autant d'arcades que de marches. Sa hauteur totale est de trente-deux mètres cinquante centimètres.

Parmi les palais de Venise, nous mentionnerons, sur le Grand-Canal, l'ancien palais *Cavalli*, habité jadis par le comte de Chambord, placé à côté du pont de fer. Il appartient au baron Franchetti qui l'a fait restaurer avec une grande munificence. Ce palais a été élevé au quinzième siècle et renferme un grand nombre d'objets d'art.

Le palais *Manfrin*, construit par A. Tirati, au dix-septième siècle. C'est une construction élégante avec un beau jardin. Ce palais possède les restes remarquables d'une splendide galerie de tableaux, la plus importante encore des galeries privées de Venise. Il y a surtout une *Mise au tombeau* par Le Titien, toile qui est d'une grande valeur. Le propriétaire du palais Manfrin, l'honorable chevalier de Sardagna, est un aimable érudit ; nous ne saurions assez le remercier des attentions, des bontés dont il nous a comblés à Venise. C'est un parfait gentilhomme dont le souvenir restera dans notre cœur. Sa galerie de tableaux vaut encore beaucoup d'argent.

La *Cà Doro*. Palais de goût arabe et de tous les styles, par Calendario, On croit qu'il a pris son nom de ses anciens propriétaires qui s'appelaient *Doro* ; d'autres disent qu'il le doit à des ornements en or qui en couvraient jadis la façade. Il a appartenu à la célèbre danseuse Taglioni.

Palais *Dandolo*, du douzième siècle. Petit, mais riche en marbres et sculptures. Ce fut la demeure du célèbre doge Enrico Dandolo, le conquérant de Constantinople.

Le palais *Papodopoli* possède une belle galerie de tableaux. Le prince Papodopoli a un jardin situé en face de la gare du chemin de fer et qui est le plus vaste de Venise ; il est riche en plantes exotiques.

Le palais *Vendramin*, construit, en 1481, par l'architecte Pierre Lombardo. Il a appartenu à la duchesse de Berry, puis au comte de Chambord. Le célèbre compositeur Wagner y est mort en 1883.

Un beau matin d'avril, je partis de la Piazzetta avec ma gondole et les deux gondoliers que j'avais pris à gage, au mois, et qui me coûtaient peu (30 francs par mois, non nourris) Je louai un *sandolo* (30 centimes l'heure). Bientôt, j'arrivais à l'île San Lazzaro, au couvent des Arméniens. Ces pères se sont établis à Venise, en 1715, fuyant la Morée, envahie par une armée turque. Leur chef s'appelait Mekhitar (consolateur). Le pape Clément XI approuva la nouvelle communauté sous la règle de saint Benoît. En 1717, Mekhitar obtint du Sénat de Venise, l'île Saint-Lazare, à perpétuité. Ces pères, aujourd'hui au nombre

de soixante, sous la direction d'un évêque *in partibus*, abbé général, s'adonnent à l'éducation de jeunes Arméniens. Nous fûmes
parfaitement reçus par un père parlant le français. La bibliothèque est
fort curieuse; elle possède 1.500 manuscrits arméniens, la plupart
inédits. Citons : l'*Evangile* ayant appartenu à une reine d'Arménie, il a environ mille ans de date ; l'*Histoire fabuleuse d'Alexandre le Grand*, avec peintures (treizième siècle) ; les *Quatre Evan-
giles*, in-folio (précieux par ses miniatures) du septième siècle,
etc.; une belle *Bible* arménienne in-quarto (écrite et peinte, du
onzième au douzième siècle), pour l'usage du roi d'Arménie. Au
rez-de-chaussée, une imprimerie destinée à la publication de livres
arméniens, bel établissement qui fait honneur aux pères. Nous
avons remarqué un curieux volume sorti de leurs presses. Il con-
tient une prière transcrite en vingt-quatre langues. Lord Byron a
travaillé dans sa jeunesse au couvent des Arméniens. Le père qui
nous conduisait nous en parla longuement comme d'une gloire dont
cette maison s'honore à juste titre.

Je me rendis ensuite, toujours dans mon *sandolo*, à l'île de Murano, où l'on trouve une fabrique d'État pour le verre. Ce fut à la
fin du douzième siècle que les travaux de Murano prirent leur plus
grande extension. Le monde entier devint tributaire de cette habile
fabrication des verriers vénitiens. C'est encore l'industrie de la
verrerie qui soutient Venise de nos jours.

De Murano, je poussai jusqu'à Burano, dans une autre île, où
vit une intéressante population de pêcheurs aux types accentués,
beaux et sévères.

J'eus la curiosité d'aller voir l'île de Torcello, une des plus intéressantes de l'archipel vénitien. L'église principale est un des types
les plus curieux de l'art byzantin des premiers siècles.

J'avais avec moi un guide peu expérimenté. Or, celui qui ne
connaît pas les passages de la lagune, peut aisément se perdre. Mes
deux gondoliers n'étaient guère plus habitués que lui à ces prome-
nades du côté de Burano. Il était cinq heures du soir; nous nous
perdîmes dans la lagune! La nuit arriva. Sans m'effrayer de cette
mésaventure, je remarquai qu'il y avait des pieux enfoncés dans
l'eau, émergeant d'un mètre au-dessus. Ces pieux, appelés *pali*, servent de conducteurs ; car les trois quarts des passages de la lagune

manquent d'eau. J'étais là, montrant les pali, dirigeant le guide, les deux gondoliers, assez préoccupés, furieux comme on doit l'être en pareil cas. Tant bien que mal, nous revînmes tout de même à Murano où l'on nous prit d'abord pour des contrebandiers; mais l'erreur fut vite reconnue.. A dix heures enfin, nous rentrions à Venise; nous prenions pied sur les *fondamente nuove*.

Venise avait mon cœur; j'étais devenu Vénitien. On ne quitte pas cette ville qui a tant de charmes pour l'archéologue, pour l'artiste, on s'en arrache. Venise! quel souvenir pour moi! A ce nom magique, je suis attendri en pensant à tant de beaux souvenirs! Il fallait repartir. Il était minuit. Je repassai en gondole sous mes vieux ponts, sur lesquels j'étais monté et descendu tant de fois. Quand tous dormaient, je quittais ma chère Venise. Adieu, ville des doges, où j'ai passé trois mois des plus agréables de ma vie. Adieu! Je ne t'oublierai jamais. Souvent je pense à toi, à ton ciel bleu, à tes palais. Quand, dans mes pittoresques et sévères montagnes de l'Auvergne, je me sens seul, je porte mon regard à l'orient, du côté de Venise, et je me dis : « Venise est là-bas!... »

FIN

LYON. — IMPRIMERIE PITRAT AINÉ, RUE GENTIL, 4.